AF532512

Kristina Priller

Schenk dir Zeit

FREIBURG · BASEL · WIEN

Inhalt

UNSER VOLLER ALLTAG

Kommt es dir auch oft so vor, als würde dein Alltag dich überrollen? Dicht auf dicht folgen Termine und Verpflichtungen, begleitet von einem niemals endenden Strom aus E-Mails, SMS oder WhatsApp-Nachrichten und Anrufen. Uff! Ich kann dich aber beruhigen: Es ist bei jedem so – ganz egal, welchen Beruf wir ausüben oder ob unsere Familie groß oder klein ist.

Ständig haben wir das Gefühl, nicht genug zu schaffen, nicht richtig voranzukommen – und das, obwohl wir die eigenen Bedürfnisse und Wünsche andauernd zurückstellen. Denn das ist unsere Antwort auf unseren vollgepackten Alltag: Wir schieben unsere Wünsche auf – auf das Wochenende, die Ferien, die Zeit, wenn die Kinder größer sind, den Ruhestand – oder gleich auf ein schwammiges „wenn mal mehr Zeit ist“. Aber es ist leider nie mehr Zeit.

Und deshalb kommen in unserem Leben viele Dinge zu kurz. Dinge, die uns Freude machen, die wir immer schon mal tun wollten oder die schlicht und ergreifend nicht dringend sind.

Aus dieser frustrierenden Routine wurde ich 2019 unsanft herausgerissen, als eine sehr mitfühlende Ärztin mir nach Betrachtung meiner MRT-Ergebnisse mitteilte: „Ja, das ist eindeutig Krebs." In diesem Moment wurde mein persönliches Verhältnis zur Zeit und wie ich sie benutze auf den Kopf gestellt. Nach einem Jahr umfassender Therapie konnte ich auf dem Entlassbericht des Krankenhauses das Wort „krebsfrei" lesen. Ich war glücklich und erleichtert – und wild entschlossen, nicht mehr in den alten Trott zurückzukehren. Ich habe entschieden: Ich will nichts mehr auf später verschieben. Die Dinge, die mir am Herzen liegen und die mir wichtig sind, müssen Platz in meinem Alltag finden. Einen kleinen, feinen – sodass ich abends zufrieden auf meinen Tag zurückschauen kann.

Vielleicht ist jetzt der richtige Moment, um mich kurz vorzustellen. Ich bin Kristina,

44 Jahre alt, glücklich verheiratet und Mutter eines ganz zauberhaften Sohnes. Anderthalb Jahre vor meiner Krebsdiagnose hatte ich mich aus meiner langjährigen Tätigkeit in der Unternehmenskommunikation verabschiedet und mich selbständig gemacht – als Kommunikationsberaterin und Texterin. Langweilig ist einem dann eher selten.

Ich bin schon immer ein gut organisierter Mensch gewesen, und so habe ich schnell Organisationsstrukturen und Methoden gefunden, die meine Kundenaufträge und meine Aufgaben als Mutter eines damals knapp Dreijährigen unter einen Hut brachten. Nur ich passte leider nicht mehr so richtig mit darunter. Das sollte nun anders werden!

Ich habe zahlreiche Bücher über Zeitmanagement und Produktivität gelesen und frage mich: Warum sollte man diese Methoden nur benutzen, um immer mehr Aufgaben erledigen zu können? Wäre es nicht viel besser, die gewonnene Zeit für schöne Dinge nutzen? Ich habe in den vergangenen Jahren viel ausprobiert, verschiedene Inspirationen mitgenommen – einiges habe ich in Routinen verwandelt, anderes relativ schnell wieder verworfen, weil es nicht zu mir passte.

Mit meinen Beiträgen auf meinem Instagram-Profil @thehappyworklife und mit meinen Newslettertexten habe ich einen Stein ins Rollen gebracht, der erst zu Workshop- und Coaching-Anfragen und schließlich zu diesem Buch führte – und zu dir! Vielleicht helfen dir meine Ideen und Impulse dabei, auch in deinem Alltag Zeit für dich und deine Wünsche zu schaffen.
Du merkst schon: Das hier wird persönlich. Deshalb habe ich mich in der Ansprache auch für das DU entschieden. Ich werde dir Methoden und Vorgehensweisen aus dem Zeitmanagement vorstellen und erläutern, wie ich sie benutze – denn nur graue Theorie bringt sehr selten die erwünschte Veränderung mit sich.

Ich wünsche dir viel Freunde beim Ausprobieren und Zeitfenster finden!

Kristina

DAS ERFÜLLTE LEBEN – Zeitmanagement gegen Stress

Zeitmanagement? Das klingt für die meisten Menschen so, als ob es nur etwas für vielbeschäftigte Führungskräfte wäre. Du hast zwar viel zu tun und einen vollen Alltag – aber sowas brauchst du doch nicht. Oder?

Vielleicht doch, denn in deinem Alltag kommt meistens eine Sache zur kurz: Zeit für dich. Wie wäre es, wenn du mit ein paar Ideen wieder mehr Luft für dich schaffen könntest und in deinem Alltag wieder Zeit zum Atem holen, für Pausen und deine Interessen findest? Ich möchte dich einladen, bewusst mit deiner Zeit umzugehen – und ein bisschen genauer hinzuschauen, wofür du sie verwendest.

Die wenigsten Dinge im Leben bekommt man einfach so geschenkt. Und so ist es auch mit ein wenig Mühe verbunden, wenn du dir Zeit für dich selbst in deinem Alltag schaffen möchtest. Ich schreibe ganz bewusst „schaffen“ und nicht „finden“ – denn es ist nicht so, als ob Zeit nur versteckt irgendwie darauf wartet, dass du über sie stolperst. Wir müssen solche Gelegenheiten aktiv schaffen!

Wenn es dir gelingt, Zeit für dich in deinen Alltag einzubauen, gewinnst du nicht nur Erholung und notwendige Auszeiten, du schaffst es auch, mehr Kontrolle über deine Wochen und Monate zu erlangen.

Hast du ein gutes Zeitgefühl? Unser Zeitgefühl ist sehr emotional und hängt stark davon ab, wie wir uns in bestimmten Momenten fühlen. Fühlen wir uns schlecht, kommen uns 15 Minuten unendlich lang vor – haben wir richtig viel Spaß, fliegen die Stunden nur so an uns vorbei.

Einen Zeitraum richtig einschätzen können wir nicht aus dem Bauch heraus, wir brauchen dafür Hilfsmittel. Deshalb ist es sinnvoll,

„Es ist nicht zu
wenig Zeit, die wir
haben, sondern zu
viel Zeit,
die wir nicht nutzen.“
• SENECA •

unsere Tage und Wochen nicht nur im Kopf zu planen, sondern zu geeigneten Helfern zu greifen.

Hier ein paar Möglichkeiten – und ein Plädoyer für das Aufschreiben. Denn die Belastung, die wir in unserem Kopf mit uns herumtragen, blockiert unser Denken für andere, schöne Dinge. Und genau deshalb solltest du deine Pläne zu Papier bringen!

Mein Kalender und meine To-do-App sind mein zweites Gehirn – was ich dort festgehalten habe, kann ich aus meinen Gedanken hinauswerfen, denn ich weiß: Ich werde mich daran erinnern. Und zwar rechtzeitig. Das Aufschreiben von Plänen, Ideen und Vorhaben hat aber noch einen anderen, sehr wichtigen Effekt: Es schafft Verbindlichkeit.

Ein Zettel und ein Stift reichen aus – es kommt auf den Inhalt und nicht auf die Form an. Natürlich kannst du auch eine App, einen Kalender oder ein Notizbuch verwenden.

Übrigens: Wenn Pläne sich ändern, macht das gar nichts! Unser Leben ist ständig im Umbruch, Termine kommen hinzu, andere fallen plötzlich weg oder werden verschoben. Ich habe noch nie eine Woche so erlebt, wie ich sie geplant hatte. Und das ist okay. Warum? Weil der Wert von Planung nicht darin besteht, dass du deinen Plan exakt umsetzt. Die Übersicht, die du gewonnen hast, bleibt. Und die Klarheit über das, was dir wichtig ist, ebenso.

„Monde und Jahre vergehen, aber ein schöner Moment leuchtet durch das Leben hindurch."

• FRANZ GRILLPARZER •

„Wir haben genug
Zeit, wenn wir
sie nur richtig
verwenden.“
• JOHANN WOLFGANG VON GOETHE •

SICHTBARE ZEIT – Ein Loblied auf den Terminkalender

Ja, die letzten Jahre waren ziemlich energieraubend. Das Jonglieren von beruflichen Verpflichtungen im Homeoffice und Kinderbetreuung hat uns viel abverlangt. Und neben unserem Alltag im Büro, in der Schule oder im Kindergarten fielen auch Feste, Sportveranstaltungen, Geburtstage, Hochzeiten und so vieles mehr auf einmal weg.

Und auf einmal setzte dann das große Nachholen ein: Wir wollten uns wieder treffen, Konzerte, Feiern und Kultur genießen. Und schon waren unsere Kalender noch voller als zuvor. Denn neben Terminen vor Ort fanden sich dort nun auch eine Vielzahl an virtuellen Terminen. So praktisch es auch ist, wenn Kollegen aus München und Hamburg nun nicht mehr in den Zug steigen müssen, um sich zu treffen – in unserem Alltag haben Online-Meetings nicht nur Vorteile.

Im Zug zehn Minuten aus dem Fenster schauen und die Landschaft an sich vorbeifliegen lassen. Im Taxi einen Eindruck von einer fremden Stadt bekommen. Oder auf dem Büroflur auf einen Kollegen treffen und sich fünf Minuten persönlich unterhalten. Diese kleinen Auftankmomente fallen weg – und das ist schade und macht unseren Alltag anstrengender.

„Ich habe so selten einmal Zeit zum Träumen und doch so viele Träume."

• FANNY ZU REVENTLOW •

Neben unseren wieder bestens gefüllten Kalendern gibt es aber noch etwas anderes, das uns davon abhält, Zeit für Pausen und Me-Time in unserem Alltag zu berücksichtigen: Überzeugungen, die wir nicht hinterfragen. Jeder von uns hat als Kind oder Jugendlicher schon einmal den Satz gehört: „Erst die Arbeit, dann das Vergnügen." Und dahinter steckten sicher nur die besten Absichten. Doch unser Leben heute funktioniert nach anderen Prinzipien: Die Zeiten, in denen es einen klar abgegrenzten Feierabend gab, der Raum für Vergnügen und Erholung bot, sind vorbei.

Fertigsein ist ein Zustand, den wir in unseren Berufen heute kaum noch erreichen können. Irgendetwas wartet immer noch darauf, von uns erledigt zu werden – sei es eine E-Mail,

ein Projekt, eine private Verpflichtung oder der Haushalt. Wenn wir wollten, könnten wir sieben Tage pro Woche 24 Stunden arbeiten. Und weil wir gelernt haben, erst unsere Arbeit zu erledigen, schieben wir die Zeit für uns immer wieder nach hinten.

Um eine ausgewogenes, erfülltes (und nicht überfülltes!) Leben zu führen, brauchen wir aber in unserem Alltag eine gesunde Balance aus Belastung und Entspannung. Wir haben keine unendlich großen Speicher, mit denen wir über lange Zeiträume hinweg auf Pausen und Erholung verzichten können.

Wie wäre es, wenn du deinen Kalender zurückeroberst und ihn nicht kampflos alleine den beruflichen und privaten Verpflichtungen und Terminen überlässt? Solange unsere Wünsche und Bedürfnisse nur außerhalb unseres Terminkalenders exitieren, finden sie auch keinen Weg in unseren Alltag. Sie an dieser Stelle einzufügen ist der erste Schritt, mehr Zeit für dich in deinen Alltag einzubauen.

> „Sie litten alle unter
> der Angst, keine Zeit für
> alles zu haben, und wussten
> nicht, dass Zeit haben
> nichts anderes heißt,
> als keine Zeit für alles
> zu haben."
>
> • ROBERT MUSIL •

Das bedeutet allerdings auch, dass in deinem Kalender Berufliches und Privates nebeneinander existieren dürfen. Ich erwähne das, weil wir gelernt haben, dass es für eine ausgewogene Work-Life-Balance wichtig ist, Job und Privatleben sorgfältig voneinander zu trennen. Aber mal ehrlich: In der Realität funktioniert das nicht wirklich gut. Denn dank unserer digitalen

Arbeitsmittel findet unser Beruf immer wieder Wege, sich auch in privaten Momenten in Erinnerung zu bringen.

Mein Leben ist eine Einheit mit vielen verschiedenen Facetten. Manche davon sind durch meinen Beruf geprägt, manche privater Natur, aber alle existieren gleichzeitig nebeneinander. Mal funkeln die einen mehr, mal tritt eine andere Farbe deutlicher hervor.

Genau das bildet auch mein Terminkalender ab, der mir so eine ganz wichtige und entscheidende Information gibt: Wie viel Zeit habe ich eigentlich wirklich zur Verfügung?

Leider unterschätzen wir den Aufwand unserer Aufgaben regelmäßig. Und das heißt: Wir überschätzen, was wir innerhalb eines Tages schaffen können – und sind deshalb abends immer wieder frustriert, wenn wir nicht so weit gekommen sind, wie wir es geplant hatten.

„Es gibt Wichtigeres
im Leben,
als beständig dessen
Geschwindigkeit
zu erhöhen."
• MAHATMA GANDHI •

Wie wäre es, wenn du es anders probierst? Trag doch einfach mal für die kommende Woche alle anstehenden Aufgaben, Pausen und deine Me-Time in deinen Kalender ein. So erkennst du viel besser, was realistisch zu schaffen ist. Außerdem hat die Me-Time in deinem Kalender noch einen weiteren Vorteil: Denn dadurch erhöht sich die Verpflichtung, sie auch wirklich umzusetzen. Am besten schreibst du deshalb direkt dazu, was du machen möchtest. Ideen, wie du auch kleine Pausen erholsam füllen kannst, habe ich im letzten Kapitel für dich gesammelt.

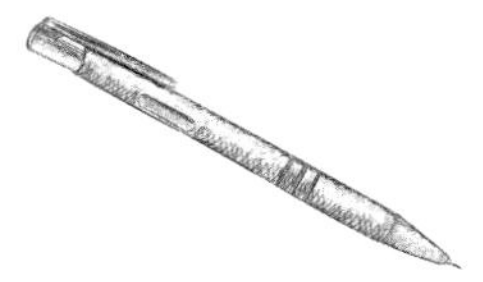

SO HERRLICH UNVOLLKOMMEN! – Den eigenen Ansprüchen begegnen

Wenn es um unseren überfüllten Alltag geht, machen wir uns gern schnell auf die Suche nach einem Schuldigen. Sicherlich gibt es da die anspruchsvolle Chefin, das Ehrenamt, das viel Zeit beansprucht, oder die Kinder, die gerade eine herausfordernde Phase durchmachen. Aber andere Menschen und ihr Verhalten zu verändern, ist sehr schwer. Was wir jedoch immer und jederzeit verändern können, ist unsere Reaktion darauf.

„Wir können den
Wind nicht ändern,
aber die Segel
anders setzen."
• ARISTOTELES •

Bevor du jetzt also dein Umfeld anschaust, will ich dir vorschlagen, erst einmal dich selbst anzuschauen – und zwar nicht kritisch, sondern genauso, wie du deine beste Freundin ansehen würdest: mit ganz viel Zuneigung!

Vielleicht erfordert dieser liebevolle Blick auf uns selbst ein kleines bisschen Übung. Den kritischen Blick auf uns beherrschen wir dagegen ziemlich gut: Würde ich dich nach deinen Stärken und Schwächen fragen – wozu würde dir spontan mehr einfallen? Der Fachbegriff dafür ist „defizitorientiert“, und das meint nichts anderes, als dass wir uns immer auf das fokussieren, was (noch) nicht da ist, und nicht auf das, was wir bereits haben oder gut beherrschen.

Ich möchte deshalb an dieser Stelle einmal ganz klar sagen:

- Du bist gut so wie du bist.
- Wir kämpfen alle mit unserem Alltag, du bist nicht alleine.
- Dass du erschöpft bist, liegt nicht daran, dass du etwas falsch machst, sondern an unserem schnellen, komplexen Leben.

Grundsätzlich ist das Ziel, uns weiterzuentwickeln und zu verbessern nicht schlecht – im Gegenteil! Allerdings haben wir es so sehr verinnerlicht, dass uns dieser Perfektionismus richtig viel Zeit kostet. Und zwar Zeit, die wir viel besser für uns selbst nutzen könnten!

Oft erreichen wir bei unseren Aufgaben – ob nun beruflich oder privat – relativ schnell einen Zustand, den wir als „gut genug" bezeichnen würden. Für die letzten Meter von dort bis hin zu „perfekt" müssen wir uns aber noch einmal richtig anstrengen und sehr viel Zeit und Kraft aufbringen. Ist das sinnvoll? Nun, das kommt auf die Aufgabe an. Sicher gibt es immer wieder besonders wichtige Dinge, die 100 Prozent von uns erfordern. Bei ganz vielen Aufgaben ist es jedoch so, dass 80 Prozent völlig ausreichen.

Sieht außer uns tatsächlich jemand den Aufwand, den wir in eine Aufgabe investiert haben? Und wertschätzt es, dass wir Freizeit und Me-Time geopfert haben, um etwas perfekt zu machen? In den meisten Fällen lautet die Antwort: Nein.

Vielleicht willst du dich selbst ein wenig hinterfragen: Woher kommt der Anspruch, etwas perfekt zu machen? Mach dich ganz bewusst frei von dem, was andere von dir denken könnten. Erstens tun sie das meistens gar nicht – und zweitens: Sie laufen nicht in deinen Schuhen. Niemand kann die Herausforderungen deines Lebens wirklich nachvollziehen, außer dir selbst.

„Du musst
nicht perfekt sein.
Gut genug reicht."

Wir sind alle in verschiedenen Bereichen unseres Lebens mehr oder weniger perfektionistisch – versuch einmal herauszufinden, bei welchen Aufgaben du vielleicht etwas entspannter sein könntest. Diese Fragen können dir dabei helfen:

- Wobei bist du oft unzufrieden mit dir selbst – auch wenn andere es nicht sind?
- Wo denkst du oft, dass du etwas noch besser hättest machen können?

Zeit, Energie oder Geld – fast alles im Leben müssen wir mit mindestens einer dieser Währungen bezahlen. Mir hilft es sehr, mir das immer wieder vor Augen zu führen: Auch Dinge, die ich nicht mit Geld bezahlen muss, kosten mich etwas. Nur in einer anderen Währung.

Doch während wir beim Investment von Geld oft sehr reflektiert und bedacht handeln, sind wir viel freigiebiger, wenn es um unsere Zeit und unsere Energie geht. Auch bei diesen Währungen sollten wir hin und wieder unsere „Investments“ sorgfältig überprüfen.

„Es ist besser,
unvollkommene
Entscheidungen
durchzuführen,
als beständig nach
vollkommenen
Entscheidungen zu suchen,
die es niemals geben
wird.“
• CHARLES DE GAULLE •

ICH WÜRDE LIEBER NICHT – Warum dir jedes Nein Zeit schenkt

Nein sagen hat einen ganz schön schlechten Ruf und fühlt sich nicht besonders gut an. Ich gebe es ganz offen zu: Ich würde am liebsten zu allem Ja sagen und niemanden enttäuschen – ich bin nämlich ein sehr harmoniebedürftiger Mensch. Wenn man Nein sagt, gibt es immer die Möglichkeit, dass das zu einem Konflikt führt, und das möchten die meisten von uns vermeiden.

Wir sagen also Ja. Zu vielem, was wir gerne tun möchten, aber auch zu manchem, bei dem wir uns nicht ganz sicher sind. Und leider eben auch zu manchem, das wir eigentlich gar nicht wollen.

Wir möchten so gerne unkompliziert sein und wollen andern das Leben und ihre Arbeit nicht schwerer machen. Das macht dich zu einem netten Menschen. Aber: Jedes Ja zu etwas ist gleichzeitig ein Nein zu etwas anderem. Warum? Weil wir leider nur eine begrenzte Menge Zeit zur Verfügung haben. Jedes Ja kostet dich Zeit – und in den meisten Fällen ist das die Zeit, die eigentlich für dich, deine Bedürfnisse und deine Erholung bestimmt sein sollte.

„Du kannst ein guter Mensch mit einem freundlichen Herzen sein – und trotzdem Nein sagen."

Du musst deinen eigenen Weg finden und herausbekommen, wozu du Nein und wozu du Ja sagen möchtest. Diese Grenze kann niemand anderes für dich ziehen. Ich möchte dich aber ermuntern, es auszuprobieren.

Mir hilft ein kleiner Perspektivwechsel immer sehr, wenn ich mich dazu entscheiden muss, Nein zu sagen. In solchen Situationen denke ich gerne darüber nach, wozu ich gleichzeitig Ja sage: Vielleicht zu einem Nachmittag mit Zeit für ein gutes Buch, einem schönen Waldspaziergang oder entspannter Familienzeit? Lass dir diese Entscheidungen nicht aus der Hand nehmen.

Weil es uns aber trotzdem oft schwerfällt, ein Nein auszusprechen, habe ich noch einen kleinen Tipp: Verschaff dir zuerst einmal mehr Zeit für deine Reaktion. Das kannst du tun, indem du dir vorab eine Antwort zurechtlegst, die in den meisten Situationen passend ist und deine Entscheidung noch ein wenig in die Zukunft verschiebt. Beispielsweise: „Ich muss erst nachsehen, ob das zeitlich für mich passt – ich melde mich morgen dazu bei dir.“

Sich Zeit zu verschaffen hat gleich zwei Vorteile: Zum einen kannst du ganz in Ruhe darüber nachdenken, ob du etwas tun möchtest oder nicht. Du kannst dir aber auch aussuchen, auf welche Art und Weise du dich später zurückmeldest. Vielleicht fühlst du dich wohler, wenn du am Telefon oder in einer Textnachricht sagst, wie du dich entschieden hast.

Auf sich selbst zu achten, die eigenen Grenzen zu kennen und zu berücksichtigen, hat nichts mit Egoismus zu tun. Es ist nichts anderes als Selbstfürsorge. In so vielen Situationen sorgen wir hervorragend für andere, nur um uns selbst kümmern wir uns nicht genug. Selbstfürsorge fängt da an, wo du das beschützt, was dir am Herzen liegt.

„Wäre das
Nein nicht,
so wäre das Ja
ohne Kraft."

• FRIEDRICH WILHELM
JOSEPH SCHELLING •

Natürlich gibt es auch Situationen, in denen man nicht Nein sagen kann. Ich glaube, jedem von uns fällt sofort ein Beispiel dafür ein. Aber es mag ja sein, dass du zu dieser einen Sache nicht Nein sagen kannst, auch wenn du es vielleicht gerne würdest. Statt nun viel Energie und endlose Gedanken in diesen Moment zu investieren, fokussiere dich lieber auf Situationen, in denen du mehr Handlungsspielraum hast.

Es darf leicht sein! Du musst dich nicht den allergrößten Herausforderungen sofort stellen. Wo kannst du mit wenig schon ganz viel erreichen? Beginn an diesen Stellen.

ENDLICH IM HIER UND JETZT – Was wir tun, um Zeit zu sparen

Wir haben zu viel zu tun und zu wenig Zeit. Auf diese Wahrnehmung reagieren wir, indem wir versuchen, die Dinge schneller zu erledigen. Wir möchten so gerne effizienter sein. Und wie schön wäre es, wenn wir mehreres gleichzeitig erledigen könnten! Kein Wunder also, dass Multitasking bei vielen Menschen ganz oben auf der Wunschliste steht.

Leider gehört Multitasking zu den Dingen, die nur theoretisch schön klingen – und Stress und Erschöpfung eher noch verstärken. Warum das so ist? Mehrere Dinge gleichzeitig zu tun kann man gut mit dem Jonglieren vergleichen: Wir haben eine Vielzahl von Bällen in der Luft. Damit sie auch dort bleiben, fassen wir sie alle immer wieder kurz an, geben ihnen neuen Schwung – und lassen sie sofort wieder los, um nach dem nächsten zu greifen. Keinen Ball halten wir länger als den Bruchteil einer Sekunde fest.

„Die Zeit verweilt lange genug für denjenigen, der sie nutzen will."

• LEONARDO DA VINCI •

Jonglieren erfordert unsere volle Konzentration und trotzdem gelangen wir nicht an ein Ziel. Wir halten einen wackeligen Zustand aufrecht. In unserem Alltag ist es ganz ähnlich: Wenn wir versuchen, mehrere Dinge gleichzeitig zu tun, kommen wir in keinem davon wirklich weiter – und es kostet uns trotzdem Kraft.

Wir sind nicht in der Lage, mehrere Dinge gleichzeitig zu tun. Versuchen wir es dennoch, springt unser Gehirn zwischen den verschiedenen Aufgaben hin und her. Wir brauchen aber immer wieder einen Augenblick, um uns auf eine Tätigkeit einzustellen und die vor uns liegende Aufgabe zu erfassen. Studien haben gezeigt, dass wir 40 Prozent mehr Zeit brauchen, wenn wir versuchen, Dinge parallel zu tun, anstatt nacheinander – ganz schön erschreckend, oder?

Der andauernde Wechsel unserer Aufmerksamkeit kostet uns sehr viel Energie und löst Stress aus. Wir machen leichter Fehler, werden gereizt und unzufrieden. Wir sollten uns also auf eine einzelne Sache voll und ganz fokussieren und Ablenkungen aus dem Weg gehen.

„Bei einer **Reise**, die tausend Meilen weit reicht, ist der **erste Schritt** der wichtigste."

• YING-AN •

In unserem Leben spielen wir sehr viele Rollen: Wir sind Arbeitnehmer, vielleicht sogar Unternehmerin, Eltern, Partner, Freundin, Töchter und Söhne – und wir haben vielleicht noch gesellschaftliche Verpflichtungen in Form eines Ehrenamtes übernommen. Diese verschiedenen Lebensbereiche lassen sich kaum sauber voneinander abgrenzen. Also bearbeiten wir E-Mails auf dem Spielplatz, klären beim Wocheneinkauf ein Problem mit dem WLAN unserer Eltern und organisieren auf dem Weg ins Büro die Kinderbetreuung für den Tag, an dem die Schule geschlossen hat.

Wir wollen Zeit sparen, setzen uns dafür aber einer hohen Belastung aus – und bekommen am Schluss noch nicht einmal das gewünschte Ergebnis. Geh doch mal in Gedanken deinen Alltag durch und überlege, an welchen Stellen du mehrere Tätigkeiten gleichzeitig ausführst. Schreib sie auf und ergänze ein paar Stichworte, wie du dich in diesen Momenten fühlst.

Was kannst du in den Momenten tun, in denen wirklich viele Aufgaben an dir zerren? Mach dir bewusst, dass du viel besser und stressfreier vorankommst, wenn du eine Aufgabe nach der anderen erledigst. Das bedeutet auch, ganz in der aktuellen Situation zu bleiben: Wenn du auf dem Spielplatz bist, bist du auf dem Spielplatz – wenn du im Büro bist, bist du im Büro.

Notier dir, woran du später noch denken musst und was du erledigen möchtest, und sei dann wieder ganz im Hier und Jetzt. Das erfordert ein wenig Übung in der Kunst des Verdrängens, aber es schenkt dir viele schöne Momente, die du sonst verpassen würdest.

Du kannst auch Zeit gewinnen, indem du

sie begrenzt. Stell dir einen Wecker und nimm dir 15 Minuten für eine bestimmte Aufgabe vor – du machst dir also selbst ein wenig Zeitdruck. Dadurch konzentrierst du dich aber auf das Wesentliche und lässt dem Perfektionismus und dem Verzetteln keine Chance.

Weißt du, was mir auch sehr hilft, Dinge nacheinander anzugehen? Ich fasse ähnliche Aufgaben zusammen und erledige sie gemeinsam. So bin ich dazu übergegangen, mir an Homeofficetagen ein Zeitfenster am Morgen und eins am Nachmittag für Aufgaben zu reservieren, die ich „Haushaltskleinkram" nenne. Denn die Spülmaschine zwischen zwei Terminen auszuräumen und schnell noch eine Wäsche anzustellen, finde ich anstrengend und ablenkend. Die kurzen Lücken in einem Arbeitstag sollten lieber echte Pausen sein. Nutze sie doch für einen Kaffee oder einen Tee, oder geh kurz hinaus an die frische Luft!

„Nur dem
Augenblick
gilt unser Leben."
• DOGEN •

ZUM GLÜCK GIBT'S WEGWEISER – Wie Ziele und Prioritäten Zeit schenken

Ziele und Prioritäten – das klingt sofort nach Beruf oder Verpflichtungen. Aber lass uns das einmal aus einer anderen Perspektive betrachten! Denn auch für deinen Alltag und deine Balance von Arbeit und Freizeit haben Ziele und Prioritäten eine wichtige Bedeutung. Hast du dich nicht auch schon abends häufiger gefragt, was du eigentlich den ganzen Tag gemacht hast? Das passiert mir oft, wenn mir nicht klar ist, was heute für mich besonders wichtig ist. Oder anders formuliert: Was heute, diese Woche oder diesen Monat eigentlich mein Ziel ist.

Sich Ziele zu setzen oder Prioritäten festzulegen bietet nicht nur im Berufsleben Vorteile: Wenn man auf diese Weise auf etwas hinarbeitet, sieht man auch kleine Fortschritte und ist mit einer Art Kompass unterwegs. Bei allem, was unsere Aufmerksamkeit und Zeit fordert, können wir uns fragen: Bringt mich das näher an mein Ziel? Oder führt es mich auf einen Umweg?

„Nur wer sein Ziel kennt, findet den Weg."

• LAOZI •

Was willst du wirklich? – Diese Frage ist gar nicht so leicht zu beantworten, aber es lohnt sich, ein wenig darüber nachzudenken. Wenn es um die Gestaltung unserer Me-Time geht, haben wir meist relativ einheitliche Bilder im Kopf, wie Entspannung aussieht. Wir sind aber sehr verschiedene Persönlichkeiten und finden deshalb ganz unterschiedliche Tätigkeiten erholsam.

„Glücklich sein“ oder „mehr Entspannung“ sind keine Ziele, sondern Wünsche. Und Wünsche sind vage und lassen sich schlecht greifen – deshalb kann man im Alltag nicht besonders gut mit ihnen arbeiten. Wie wäre es, wenn du deine Wünsche einmal in Ziele umformulieren würdest? Achte dabei darauf, dass du diese Ziele so genau wie möglich beschreibst.

Schreib zuerst auf einen kleinen Wunschzettel, was du dir wünschst. Anschließend stellst du dir zu deinem Wunsch folgende Frage: Was kann ich jeden Tag tun, um mir diesen Wunsch zu erfüllen? Statt dem Wunsch „Ich möchte entspannter sein" könntest du dir „Ich möchte jeden Nachmittag 30 Minuten allein mit einem Hörbuch spazieren gehen" als Ziel setzen. Merkst du den Unterschied?

Ich habe mich lange gefragt, warum in meinem Leben bestimmte Ziele und Vorhaben immer wieder liegengeblieben sind – und die Beschäftigung mit einem amerikanischen Präsidenten hat mir schließlich die Antwort auf diese Frage geliefert: Dwight D. Eisenhower zitierte einer Rede einen ehemaligen College-Leiter mit den Worten: „Ich habe zwei Arten von Problemen, die dringenden und die wichtigen. Die dringenden sind niemals wichtig und die wichtigen niemals dringend." Dieser Satz sollte die Grundlage einer in den folgenden Jahrzehnten immer beliebteren Zeitmanagementmethode werden – der Eisenhower-Matrix.

Bis heute unterscheide ich pingelig, ob Aufgaben wichtig oder dringend sind. Was wichtig ist, ist nämlich nicht immer dringend. Leider! Zeit für dich ist sehr wichtig – aber sie hat keinen festen Termin, und niemand außer dir selbst wird dich drängen, sie zu nutzen. Umgekehrt glauben wir, dass dringende Aufgaben immer auch wichtig sind. Das liegt daran, dass diese Aufgaben uns auf eine sehr penetrante Art und Weise daran erinnern, dass sie da sind und erledigt werden wollen. Sie sind laut und sehr präsent.

Wie wäre es, wenn du dir für die nächste Woche einmal vornimmst, vor allem den leisen Dingen und Terminen deine Aufmerksamkeit und Zeit zu schenken?

Wünsche, Ziele und Prioritäten sind sehr theoretisch – und das bleiben sie auch, wenn du sie nicht sichtbar machst. Nur das, was wir tatsächlich vor Augen haben, hat auch die Chance, unsere Tages- und Wochengestaltung zu beeinflussen. Ich habe es mir deshalb zur Gewohnheit gemacht, für jede Woche und jeden Tag in meinem Kalender einen Fokus festzuhalten. Immer wenn ich darauf schaue, erinnere ich mich selbst kurz daran, was mir heute wichtig ist.

Aber selbst die klarsten Ziele und Prioritäten helfen nicht gegen zu viele Aufgaben. Die Anzahl dessen, was wir bewältigen können, ist begrenzt – und auch kontinuierliche Selbstoptimierung kann daran nichts ändern. Ziele und Prioritäten sind eine Möglichkeit, deinen Alltag auf etwas auszurichten, das dir wichtig ist. Sie sollen nicht dazu dienen, deine Tage noch voller werden zu lassen.

„Nichts verschafft
mehr Ruhe
als ein gefasster
Entschluss."
• CHARLES MAURICE DE TALLEYRAND •

ACH, DAS MACHE ICH MORGEN … – Über das Aufschieben

Es gibt zwei Arten des Aufschiebens, und ich möchte fast wetten, dass du gerade an die erste der beiden denkst. Das Aufschieben von großen und unangenehmen Aufgaben kennt jeder von uns: Wir haben verschiedenen Gründe, warum wir etwas nicht anfangen möchten, und so schieben es vor uns her. Und das fühlt sich erst einmal gut an – denn wir haben ein unschönes Gefühl vermieden.

Es gibt aber noch eine zweite Art des Aufschiebens: das Verschieben von Me-Time.

„Mit dem Aufschieben lassen wir das Leben nur enteilen."

• SENECA •

Auch dabei machen wir unsere Tage erstmal etwas weniger voll. Und auch dieses Aufschieben fühlt sich zuerst gut an. Schließlich haben wir ja noch so viel Zeit, diese Zeit für uns nachzuholen, oder?

Warum schieben wir etwas auf? Dafür gibt es mehrere Gründe. Vielleicht ist unser Anspruch zu hoch, und wir gehen an eine Aufgabe oder eine geplante Auszeit zu perfektionistisch heran. Vielleicht ist es auch Gewohnheit – oder wir agieren aus einer Überforderung heraus und lassen das aus, was uns am einfachsten erscheint.

Schließlich müssen wir mit uns selbst nicht diskutieren, wenn wir unsere Freizeit kürzen. Die fehlende Me-Time führt aber über kurz oder lang in einen Teufelskreis: Denn wir brauchen Auszeiten und Erholung. Unser Energiespeicher ist irgendwann leer und muss neu gefüllt werden: durch erholsame Aktivitäten, Pausen und kleine Momente für uns. Irgendwann kommen wir sonst an einen Punkt, an dem sich dein Körper die Auszeit nimmt, die er braucht.

Vielleicht helfen dir die folgenden Impulse, Zeit für dich nicht mehr aufzuschieben und leichter in deinen Alltag zu integrieren.

Unsere Vorhaben für Erholung und Auszeiten sind oft einfach ein wenig zu groß. Wir glauben, dass es ein kompletter Tag im Spa oder ein Wochenende mit Freundinnen sein muss, um unsere Energiespeicher wieder zu füllen. Solche Events sind wunderbar, gar keine Frage. Sie sind aber auch aufwändig zu organisieren, meist teuer und passen nicht „mal eben so" in unseren Alltag.

„Aufschieben war mein größter Fehler von jeher!"

• GEORG CHRISTOPH LICHTENBERG •

Welche kleinen Auszeiten könntest du stattdessen regelmäßig jede Woche oder jeden Tag in deinen Ablauf integrieren – und dann auch tatsächlich wahrnehmen? Vielleicht ein kleines, störungsfreies Wellnessprogramm im eigenen Bad am Sonntagabend? Oder der Friseurtermin, den du mit einem Kaffee-Date mit dir selbst verbindest?

Finde Möglichkeiten für kleine Momente nur für dich. Und am besten schaffst du das, indem du überlegst, was dich glücklich macht und in welchen Situationen du gut entspannen kannst.

Wenn man versucht, neue Gewohnheiten in seinen Alltag einzufügen, dann gibt es dafür verschiedene Möglichkeiten. Ich benutze gerne sogenannte „Habit Tracker" – kleine Listen, in denen man die erwünschte neue Routine täglich abhakt.

Wie könnte so etwas für deine Me-Time aussehen? Wie oft möchtest du in einem halben Jahr Freundinnen treffen? Wie viele Bücher möchtest du gerne lesen? Wie oft ins Kino oder essen gehen? Es lohnt sich, sich auch für die eigene Erholung konkrete Ziele zu setzen. So siehst du ganz klar, wenn du wieder zu häufig schöne Dinge aufschiebst und deine Erholung zu kurz kommt.

Du kennst das von deinem Smartphone: Ist der Akku erst einmal leer, dann dauert es eine Weile, bis sich das Gerät wieder einschalten lässt. Bei uns ist es genauso. Deshalb ist es besser, deine Batterien rechtzeitig wieder aufzuladen und gar nicht erst leerlaufen zu lassen. Für deinen Alltag bedeutet das, regelmäßig Pausen zu machen und darauf zu achten, dass dein Tagesablauf immer wieder kleine, erholsame Lücken beinhaltet. Achte zwischendurch auf kleine Atempausen!

IMMER ERREICHBAR, ÜBERALL? – Wege aus dem Informationsüberfluss

Unser heutiges Arbeitsleben sieht vollkommen anders aus als das unserer Eltern: Verschiedene digitale Lösungen und moderne Kommunikationstechnik machen unseren Alltag – ja, was eigentlich? Einfacher? In mancher Hinsicht schon. Ich genieße und schätze die zahlreichen Annehmlichkeiten, die E-Mail & Co. mit sich bringen. Das bedeutet aber nicht, dass wir die Herausforderungen, die damit einhergehen, verleugnen sollten.

Wir sind immer online – dafür sorgt unser Smartphone. Nachrichten und Informationen erreichen uns rund um die Uhr, egal, an welchem Ort. An der Supermarktkasse erfahren wir, dass die Kollegin ein Projekt nicht unterstützen kann, beim Joggen hören wir, dass das Sommerfest des Sportclubs verschoben werden muss, und auf dem Weg ins Büro erreicht uns die Information, dass unsere Eltern Unterstützung bei einem Problem benötigen. Wir werden immer wieder bei dem unterbrochen, was wir gerade tun, und das kostet uns Kraft. Und Zeit!

Wir müssen einen eigenen Weg finden, damit umzugehen und unseren Wohlfühlzustand wiederherzustellen – mit eigenen Regeln, die zu uns passen und uns guttun.

„Man sollte nie so
viel zu tun haben,
dass man zum
Nachdenken keine
Zeit mehr hat."

• GEORG CHRISTOPH LICHTENBERG •

Ich habe eine Weile gebraucht, bis ich herausgefunden habe, wie ich meine Bedürfnisse nach Konzentration mit den Möglichkeiten moderner Kommunikation und dem Wunsch, erreichbar zu sein, verbinde. Inzwischen habe ich an den meisten Tagen einen ausgewogenen Umgang gefunden: Mein Prinzip ist es nicht, mir feste Zeiten zum Bearbeiten von Mails einzuräumen – zum Beispiel zweimal am Tag für 30 Minuten. Ich mache es genau andersherum und lege für mich „Fokuszeiten" fest, in denen ich ganz konzentriert bei einer Sache bleibe. Das kann ein berufliches Projekt sein, aber auch Zeit für mich, in der ich nicht bei meiner aktuellen Lektüre gestört werden möchte.

Überleg dir, wie solche Routinen und Regeln für dich aussehen könnten. In welchen Zeiträumen oder bei welchen Tätigkeiten möchtest du dich nicht unterbrechen lassen? Plan dir smartphonefreie Auszeiten und Pausen ein!

Verrückterweise hilft uns dabei ausgerechnet eine neue Funktion moderner Smartphones: der Fokusmodus. Man kann festlegen, welche Arten von Benachrichtigungen oder Anrufen während eines festgelegten Zeitraums zugestellt werden und welche warten müssen.

Unsere elektronischen Geräte beeinflussen uns und unser Wohlbefinden aber noch sehr viel subtiler: Hast du schon einmal gehört, dass innere und äußere Ordnung zusammenhängen? Das bedeutet, dass du an einem aufgeräumten Schreibtisch in einem ordentlichen Büro meist besser nachdenken kannst, weil du nicht abgelenkt wirst.

„Ruhe wirkt Ordnung."

• LAOZI •

Ganz ähnlich wirken auch ein überquellender E-Mail-Posteingang, zu viele geöffnete Browsertabs und unzählige unsortierte Dokumente auf deinem Desktop auf dich und deine Gefühle ein. Schenk dir auch hier ein wenig Zeit und sorge für Übersicht und eine klare Struktur. Du wirst sofort einen Effekt auf dein Wohlbefinden feststellen!

Unser Smartphone oder Tablet benutzen wir aber nicht nur, um zu arbeiten oder Dinge zu organisieren: Oft gestalten wir damit auch unsere Freizeit. Auf der einen Seite locken uns Social-Media-Plattformen mit einem niemals endenden Strom kurzweiliger Unterhaltung, auf der anderen warten Streamingportale mit staffelreichen Serien auf Zuschauer. Es ist sehr einfach, sich darin zu verlieren. Denn genau dafür sind sie gebaut: Die Nutzer möglichst lange zu halten.

Das soll keine Social-Media-Schelte sein – ich liebe Instagram und nutze es regelmäßig und gerne. Ich möchte nur das Bewusstsein in dir wecken, dass all das passive Freizeitbeschäftigungen sind, die uns auf den ersten Blick entspannen und nicht viel von uns verlangen. Aber macht es auch wirklich zufrieden?

Du siehst, dass der stetige Informations- und Kommunikationsfluss an den verschiedensten Stellen auf uns zu- und um uns herumrauscht. Du kannst diesen Strom nicht stoppen oder aufhalten – aber du kannst ihn ein wenig lenken und seine Richtung beeinflussen, damit er dein Leben möglichst wenig überrollt.

DAS LEBEN VORWÄRTS LEBEN – und rückwärts verstehen

„Verstehen kann man das Leben oft nur rückwärts, aber leben muss man es vorwärts." Dieses Zitat des dänischen Philosophen Søren Kierkegaard scheint heute ein klein wenig aus der Zeit gefallen. Unsere Gegenwart kennt eigentlich nur das Vorwärts – und das häufig in einem enormen Tempo. Für das Zurückschauen haben wir kaum Zeit. Die Anforderungen unseres Alltags nehmen uns ganz in Anspruch, und der konstante Flow immer neuer Aufgaben treibt uns weiter.

Aber: Das Zurückschauen gehört zum Leben auch dazu – um es zu verstehen, aber auch, um sich selbst weiterentwickeln zu können. In vielen anderen Bereichen ist Reflexion völlig selbstverständlich: Jeder Trainer schaut sich nach einem Wettkampf oder einem Turnier noch einmal die Aufzeichnung seiner Schützlinge an und analysiert, was gut funktioniert hat und woran noch gearbeitet werden muss. Zur Redaktionssitzung von Zeitschriften und Magazinen gehört die „Blattkritik" mit dazu, bei der alle Anwesenden die vergangene Ausgabe besprechen. Wäre es nicht auch sinnvoll, für eine solche Reflexion Platz in unseren Alltag zu finden? Ich finde schon!

„Man kann einen
Menschen nichts
lehren, man kann ihm
nur helfen,
es **in sich selbst**
zu entdecken."

• GALILEO GALILEI •

Denn zurückzuschauen und Geschehenes noch einmal in Ruhe und mit Abstand zu betrachten, bringt uns nicht nur wertvolle Erkenntnisse, sondern macht auch Erreichtes sichtbar. Wenn wir uns unsere Fortschritte bewusst machen, werden wir zufriedener und erleben das Gefühl von Selbstwirksamkeit, das uns im Alltag so häufig fehlt.

Dieses Kapitel soll dir als Inspiration dienen, wie eine gute Reflexionsroutine aussehen kann. Aber auch hier gilt: Wie du am besten reflektierst, ist sehr individuell. Probier aus, was gut zu dir passt und finde deinen eigenen Weg.

Reflexion funktioniert dann am besten, wenn sie zur festen Routine in deinem Alltag wird. Ich liebe es, mich, bevor ich in den Feierabend starte, noch kurz an den Tag zu erinnern und einige Gedanken dazu zu notieren. Ich schreibe kein Tagebuch, ich führe ein Journal: Statt die Ereignisse und Geschehen eines Tages festzuhalten, gebe ich meinen Gedanken und Ideen einen festen Platz und eine feste Zeit.

Dadurch kann ich einfach aufs Papier fließen lassen, was mir in den Sinn kommt. Am Ende einer Arbeitswoche schaue ich noch einmal auf die vergangenen sieben Tage zurück, bevor ich die neue Woche vorbereite. Hierbei überlege ich oft auch, welche Tage ich als anstrengend und herausfordernd erfunden habe – und suche nach der Ursache.

Wie kann deine Reflexionsroutine aussehen?

Versuch doch heute oder in den nächsten Tagen, deinen Tag oder deine Woche Revue passieren zu lassen. Was hast du gemacht, was hat dir Freude bereitet – und was hat dich Kraft gekostet? Was fiel dir leicht – und was war herausfordernd? Oft sind diese einfachen Fragen gar nicht so schnell zu beantworten. Aber sie sind hilfreich.

Nimm dir ein Notizbuch und schreib auf, was dir dabei durch den Kopf geht. Leg einfach los, ohne zu planen oder lange nach Begriffen zu suchen. Es geht nicht um literarisches Schreiben, sondern darum, deine Gefühle zu Papier zu bringen.

„Es kann gar nicht
schaden, wenn man
uns einmal über uns
selbst nachdenken macht.“
• JOHANN WOLFGANG VON GOETHE •

Wenn dich der Anblick leerer Seiten hemmt, dann hilft dir vielleicht dieser kleine Trick: Benutze einen Kalender, in dem jeder Tag eine eigene Seite hat. Auf diese Weise ist der Platz zum Schreiben ganz natürlich begrenzt, und das Anfangen fällt dir vielleicht leichter. Mit der Zeit wirst du immer geübter werden und deine Gedanken immer und überall festhalten können.

Achte bei deiner Selbstreflexion darauf, dass du dich auf das Positive ausrichtest und nicht nur kritisch auf dich schaust.

Reflexion ist eine wunderbare Gelegenheit für Me-Time, denn hier darf sich alles ganz um dich drehen: Deine Gedanken, deine Gefühle, deine Erfolge stehen im Mittelpunkt und werden von dir festgehalten. Es mag sich zu Beginn ein wenig merkwürdig anfühlen, über die eigenen Erfolge zu schreiben. Wir haben das nicht gelernt und sofort den Reflex: Das ist zu ichbezogen oder zu stolz. Selbstreflexion darf alles das sein!

Diese Fragestellungen können dir bei deiner Reflexion weiterhelfen:

- Wann war ich heute fröhlich?
- Was hat mich heute zum Lachen gebracht?
- Worauf war ich heute besonders stolz?
- Wie fühle ich mich heute wirklich?
- Was habe ich heute über mich gelernt?
- Was möchte ich morgen anders machen?
- Was ist mein Ziel?
- Inwieweit bin ich heute meinem Ziel nähergekommen?
- Was war mir im heutigen Tag besonders wichtig?
- Was war der schönste Moment des Tages?

- Was hat mich heute am intensivsten beschäftigt – und warum?
- Welche Gedanken haben mich heute belastet?
- Was kann ich tun, um diese Gedanken loszuwerden?
- Welche positive Eigenschaft/welche meiner Stärken hat mir heute geholfen?

50 IDEEN FÜR KLEINE AUSZEITEN IM ALLTAG

Du hast in deinem Alltag kleine Zeitfenster für dich gefunden, und nun bist du ein wenig ratlos? Du weißt irgendwie gar nicht, was du für dich tun sollst? Keine Sorge, das ist ganz normal! Auch Zeit für dich selbst ist eine Gewöhnungssache – wenn du sie regelmäßig einplanst, wirst du immer leichter Ideen finden.

Es gibt unendlich viele Möglichkeiten, auch kleine Zeitfenster wunderschön und erholsam zu füllen – und genau deshalb liefere ich dir hier ein paar Beispiele für Aktivitäten und kurze Auszeiten, die auch in kleinen Zeitfenstern möglich sind und nicht viel Geld kosten. Bestimmt ist auch etwas für dich dabei!

1. Lesen! Kann man immer und überall tun. Ein kleiner Hinweis: Lies ein Buch, das dir wirklich gefällt – egal was es ist. Es müssen nicht immer Klassiker oder Buchpreisträger sein – erlaubt ist, was gefällt.
2. Eine Runde um den Block gehen und einen Podcast hören. Podcasts gibt es inzwischen zu wirklich jedem Thema. Und das Beste: Die Folgen dauern meist nicht lang. Perfekt, um kurz abzuschalten, etwas Bewegung zu bekommen und eine kleine Pause zu genießen.
3. Eine nachmittägliche feste Teezeit einführen. Mach dir den Five o'clock tea der Engländer zu eigen und genieße jeden Tag eine kleine Auszeit mit deinem Lieblingstee.
4. Singen! Singen lässt Glückhormone sprudeln – völlig egal, ob du die Töne triffst oder nicht. Schmettre im Auto dein Lieblingslied laut mit und genieß die gute Laune.

5. Mit einer Freundin telefonieren. Auf meinen Spazierrunden telefoniere ich gerne mit meiner besten Freundin. Wir sehen uns nicht häufig, und so genieße ich diese Zeit umso mehr.
6. Mach einen Spaziergang in der Natur. Klingt irgendwie großmütterlich? Das habe ich auch lange gedacht. Aber es tut wahnsinnig gut – ich spaziere inzwischen täglich durch den Wald und genieße die Ruhe und die Natur.
7. Einen Kaffee holen. Ja, du hast eine Kaffeemaschine zu Hause – oder im Büro. Und da ist der Kaffee umsonst. Aber der Kaffee aus dem Café um die Ecke kommt mit einer kleinen, wirklichen Auszeit im Gepäck und reißt dich kurz aus deinem Alltagstrott heraus.
8. Tritt einem Buchclub bei! Die gibt es analog in deiner Lieblingsbuchhandlung (frag einfach deine lokale Buchhändlerin) oder online, zum Beispiel auf Instagram.
9. Sport treiben. Ja, auch das ist eine kleine Auszeit! Ich liebe zehn Minuten

Stretching-Videos – das passt wirklich in jeden Alltag.

10. Malen. Malen entspannt wirklich sehr. Ja, ich habe Malbücher für Erwachsene auch lange belächelt. Aber: Es funktioniert. Wenn das nichts für dich ist, dann versuch dich doch im Handlettering – dazu gibt es in den sozialen Medien zahllose Tutorials.
11. Gezielt etwas Neues lernen: Geh auf die Suche nach einer kleinen Portion neuem Wissen! Wir haben Zugang zu so vielen Informationen wie keine Generation vor uns. Setz dir zum Ziel, jeden Tag etwas Neues zu lernen, und genieß die Suche als kleine Auszeit.
12. Einer Freundin eine Sprachnachricht mit einer netten Botschaft und lieben Grüßen schicken – einfach so!
13. Eine Postkarte an einen lieben Menschen schreiben und zum Briefkasten bringen. Das macht auch dich glücklich, versprochen!

14. Aus dem Fenster schauen. Klingt banal? Ist es auch! Studien zeigen, dass uns in die Natur schauen und Tiere oder Menschen beobachten entspannt. Stelle dir einen Timer und lass dich nicht ablenken.
15. Sich etwas Simples besonders schön machen. Anstatt deinen Kaffee einfach nur schnell runterzustürzen, zelebriere deine kleine Pause ein bisschen: mit einer schönen Tasse, einem kleinen Keks und einer kurzen Auszeit weg vom Schreibtisch!
16. Ein Instrument spielen. Musik machen ist ein wunderschönes Hobby, und man muss es überhaupt nicht perfektionistisch betreiben oder gleich einen Konzertflügel anschaffen. Eine Gitarre beispielsweise gibt es gebraucht schon für kleines Geld und zahlreiche Tutorials bei YouTube.
17. Sonne tanken. In den hellen Monaten oder an sonnigen Wintertagen solltest du in kurzen Pausen rausgehen und Sonne tanken – das kurbelt die körpereigene Produktion von Vitamin D an.

18. Tiere haben eine beruhigende Wirkung auf uns – und dazu brauchst du nicht einmal ein eigenes Haustier. Die Nachbarskatze oder der Bürohund des Kollegen freut sich bestimmt auch über Extra-Streicheleinheiten.
19. Wasser trinken. Die meisten von uns trinken viel zu wenig. Wenn man bedenkt, dass unser Gehirn zu 80 Prozent aus Wasser besteht, ist das ein ziemlich waghalsiges Unterfangen. Füll deinen Flüssigkeitshaushalt auf und tu dir damit ganz bewusst etwas Gutes.
20. Ein kurzer Besuch im Museum. Zwischendurch mal schnell in den Louvre hüpfen – das ist jetzt gar kein Problem mehr! Viele Museen bieten virtuelle Touren an, mit deren Hilfe du online durch die verschiedenen Ausstellungsräume spazieren kannst.
21. Eine kurze Yogaeinheit. Oft reichen schon zehn Minuten. Und wenn du das jeden Tag machst, wirst du überrascht sein, wie flexibel und beweglich du schon in

wenigen Wochen sein wirst. Anleitungen gibt es auf YouTube. Ich empfehle dir, mit einer einfachen Variante des Morgengrußes zu beginnen.

22. Ein schönes Rezept für ein neues Gericht heraussuchen und bei der nächsten Gelegenheit ausprobieren. Im Alltag kochen wir oft Bewährtes und beliebte Klassiker. Such dir in einer kleinen Pause mal etwas Neues aus, das du gerne probieren möchtest.

23. Eine Gesichts- oder Haarmaske machen. Völlig unabhängig vom Effekt auf deine Haut, tut es einfach gut. Und man ist 15 Minuten zu Untätigkeit gezwungen.

24. Stricken beschäftigt die Hände. Ich weiß nicht, wie es dir geht, aber wenn in meinem Kopf das Gedankenkarussell Vollgas gibt, dann kann ich mich oft nicht gut entspannen und in einen Film oder ein Buch hineinfinden. Was mir dann hilft: meine Hände beschäftigen, zum Beispiel beim Stricken.

25. Stell dir in einer nahegelegenen Blumenhandlung einen kleinen Blumenstrauß zusammen und genieße den Duft und den Farbklecks, den du mit nach Hause nimmst.
26. Fingernägel in einer fröhlichen Farbe lackieren. Eine perfekte Auszeit am heimatlichen PC. Denn der Lack kann super trocknen, während du danach weiterarbeitest.
27. Ein Bad nehmen. Sich für 15 Minuten ins heiße Wasser sinken lassen ist herrlich. Angenehmer Nebeneffekt: Digitale Geräte mögen kein Wasser, die Auszeit ist also garantiert analog.
28. Jeden Tag ein kleines Häppchen Kunst verstehen. Dafür gibt es eine App! Statt dich durch ein dickes Kunstgeschichtebuch zu wälzen, kannst du mit der App „Daily Art" jeden Tag ein Kunstwerk genauer kennenlernen.
29. Matcha ausprobieren. Ein Matcha Latte ist gesund – und entweder man liebt ihn oder

hasst ihn. Ich liebe ihn nicht nur wegen des Geschmacks, sondern weil die Zubereitung eine richtige Zeremonie ist.

30. Wärme tut gut. Mach dir eine Wärmflasche und genieße zehn Minuten das wohltuend wohlige Gefühl.
31. Kinder sind immer sehr im aktuellen Moment und denken nicht an morgen oder gestern. Schau dir das von ihnen ab – und vielleicht kannst du auch kurz das Trampolin, das Springseil oder den Hula-Hoop-Reifen ausleihen. Spaß und gute Laune sind garantiert!
32. Hör mal wieder ein Hörspiel. Erzählte Geschichten ziehen Menschen seit vielen hundert Jahren in den Bann – bestimmt auch dich!
33. Nichts tun. Das klingt sehr viel leichter, als es tatsächlich ist. Wir sind so ausgerichtet auf Effizienz und Effektivität, dass mir das wirklich schwerfällt. Umso besser fühlt es sich dann an!
34. Einen knalligen Lippenstift kaufen und auftragen. Wenn es um Make-up geht, hast

du bestimmt eine Routine. Brich daraus einmal bewusst aus und genieß das gute Gefühl.

35. Lächele dich selbst drei Minuten im Spiegel an. Studien zeigen, dass sich unsere Laune verändert, wenn wir uns selbst eine Weile im Spiegel anlächeln.
36. Einen kleinen Fotorückblick in den letzten Urlaub genießen. Reise noch einmal an die schönsten Orte zurück – mit Erinnerungsschnappschüssen auf deinem Smartphone.
37. Mal wieder ein Gedicht lesen. Lyrik findet in unserem Alltag oft gar nicht mehr statt – dabei hat diese Art der Literatur die Fähigkeit, uns mit ihrem besonderen Sprachrhythmus kurz aus dem Alltag herauszureißen.
38. Blumen für den Garten oder Balkon vorziehen. Aus dem Gärtnern kann man eine Wissenschaft machen – oder man fängt einfach an. Alte Eierkartons eignen sich wunderbar, um kleine Pflänzchen drinnen vorzuziehen und schließlich nach draußen zu pflanzen.

39. Gedankenreise. Statt auf Pendelstrecken sofort in Mails oder sozialen Medien zu versinken, gehe auf eine kleine Gedankenreise. Wähle einen Mitreisenden und denk dir eine Geschichte zu ihm aus. Woher kommt er, wohin geht die Fahrt? Warum?
40. In einem Buchladen stöbern und sich beraten lassen. Buchhändlerinnen haben ein unglaubliches Wissen. Nenn einfach ein paar Bücher, die dir wirklich gefallen haben, und du gehst mit einer passenden Lektüre nach Hause.
41. Deinen Garten oder Balkon bewusst genießen. Schaff dir einen kleinen, gemütlichen Raum für kurze Pausen: einen bequemen Sessel, im Herbst und Winter eine warme Decke – und schon hast du eine kleine Oase nur für dich.
42. Journaling hilft dabei, den eigenen Kopf aufzuräumen. Was das ist? Etwas Ähnliches wie Tagebuch schreiben – nur dass du nicht notierst, was heute passiert ist, sondern viel freier bist und einfach über deine Gedanken schreibst.

43. Etwas sortieren. Nein, nicht den Vorratskeller. Das ist ja meistens ein mehrtägiges Projekt. Aber grundsätzlich hilft uns äußere Ordnung dabei, auch in unserem Kopf Übersicht und Struktur zu finden. Also räum kurz deinen Schreibtisch auf und freu dich über den wohltuenden Effekt.

44. „Heute schon geschafft"-Liste schreiben. Gerade an Tagen, an denen uns alles zu viel wird, tut es gut, einmal genau hinzuschauen, was eigentlich schon alles erledigt ist. Das kannst du für den aktuellen Tag, die Woche oder dieses Jahr notieren und dir beim Durchlesen ordentlich auf die Schulter klopfen!

45. Oft schleicht sich auch in unseren Pausen Routine ein – was grundsätzlich nichts Schlechtes ist! Erholung finden wir aber vor allem dann, wenn wir einmal etwas anders machen als üblich. Verbring deine Mittagspause mal nicht in der Kantine, sondern mit einem Brötchen auf einer Bank in der Sonne!

46. Ein kleines Nickerchen belebt und erfrischt. Ich selber kann tagsüber nicht schlafen – auch nicht kurz. Ich kenne aber viele Menschen, die auf einen kurzen Power-Nap schwören! Wichtig dabei: Nicht zu lange schlafen oder dösen, sonst hat man Schwierigkeiten, wieder munter zu werden. 15 bis 20 Minuten höchstens.
47. Finde einen See oder Fluss in deiner Nähe: Ich brauche regelmäßig eine Dosis „Vitamin Sea“ und liebe die Nordsee. Leider ist die nicht nebenan – also nutze ich als Ersatz die nahegelegenen Seen und den Rhein. Am Wasser zu sein, entspannt mich besonders gut – dich vielleicht auch.
48. Ein Spiel spielen – ja, wirklich! Spielen ist nur was für Kinder? Falsch, spielen kann auch für Erwachsene sehr entspannend und erholsam sein. Ganz egal, ob du dich mit einem Spiel auf dem Smartphone ablenkst oder eine Patience mit echten Karten legst: Es gibt viele Spiele, die man alleine in kurzer Zeit spielen kann und

die dich sofort auf ganz andere Gedanken bringen.

49. Dreh eine kleine Runde mit dem Fahrrad, genieße den Fahrtwind und das Gefühl von Freiheit!

50. Back ein Blech Cookies. Die klassischen amerikanischen Chocolate Chip Cookies sind ein dankbares Rezept: wenige Zutaten, die man mit einem Kochlöffel zusammenrühren kann und eine kurze Backzeit. Abkühlen lassen und die süße und knusprige kleine Freude genießen!

VITA

Kristina Priller ist Kommunikationsberaterin und Texterin. Sie bietet Workshops und Coachings rund um die Themen Alltagsorganisation, Produktivität und Zeitmanagement an und gibt auf ihrem Instagramprofil *@thehappyworklife* täglich Tipps für einen entspannten Alltag.

Bildnachweis

S. 5, 9, 16, 25, 34, 40, 48, 56, 62, 70, 78 © desifoto / GettyImages
S. 5, 78 © SaGa Studio / shutterstock
S. 9, 35 © Zaleman / shutterstock
S. 11 © MichiTermo / GettyImages
S. 12 © VerisStudio / shutterstock
S. 13 © Alexander_P / shutterstock
S. 14 © Kathrin Ziegler / GettyImages
S. 17, 18, 25, 28, 31, 40, 43, 45, 63, 65, 70, 77 © lisima / shutterstock
S. 22 © the_burtons / GettyImages
S. 24 © Pro Symbols / shutterstock
S. 26 © Sebastian Steude / GettyImages
S. 30 © rustemgurler / GettyImages
S. 33 © Chiociolla / shutterstock
S. 34 © pictore / GettyImages
S. 38, 60 © ElenaMedvedeva / GettyImages
S. 47 © RossHelen / shutterstock
S. 48, 50, 53, 56, 59 © Anastasia Lembrik / shutterstock
S. 55 © GMVozd / GettyImages
S. 57 © TommL / GettyImages
S. 61 © Ievgeniia Lytvynovych / GettyImages
S. 64 © Longhua Liao / GettyImages
S. 67 © Kostikova Natalia / shutterstock
S. 74 © Eva Pruchova / shutterstock
S. 81 © Margo Miller / shutterstock
S. 82 © Daria Minaeva / shutterstock,
S. 86 © Nadezhda Molkentin / shutterstock
S. 89 © Konstantin Aksenov / shutterstock
S. 93 © Sketch Master / shutterstock
S. 94 © Kristina Priller

www.herder.de

Umschlaggestaltung: Verlag Herder
Umschlagmotiv: © Fuzullhanum / GettyImages,
© giraphics / GettyImages
Innengestaltung und Satz: Gestaltungssaal, Rohrdorf
www.gestaltungssaal.de

Herstellung: Graspo CZ, Zlín
Printed in the Czech Republic

ISBN 978-3-451-03432-9